SCM

Stiftung Christliche Medien

Dieses Werk einschließlich aller seiner Teile ist urheberrechtlich geschützt. Jede Verwendung außerhalb der engen Grenzen des Urheberrechtsgesetzes ist ohne vorherige schriftliche Einwilligung des Verlages unzulässig und strafbar. Das gilt insbesondere für Vervielfältigungen, Übersetzungen und die Einspeicherung und Verarbeitung in elektronischen Systemen.

© der deutschen Ausgabe 2011
SCM Collection
im SCM-Verlag GmbH & Co. KG · Bodenborn 43 · 58452 Witten
Internet: www.scm-collection.de; E-Mail: info@scm-collection.de

Text: Carolin Hartmann, Düsseldorf
Illustrationen: Nina Dulleck, www.mutmach.de
Umschlaggestaltung: Johannes Käser, Witten
Satz: Burkhard Lieverkus, Remscheid | www.factory-media.net
Druck und Bindung: dimograf
ISBN 978-3-7893-9462-1
Bestell-Nr. 629.462

Carolin Hartmann / Nina Dulleck

So sehr hat Gott dich lieb

SCM Collection

Ich bin dein Vater.

Dein überglücklicher Vater,

der sooo stolz auf dich ist.

Von Anfang an

habe ich mir gedacht:

Dich will ich erschaffen!

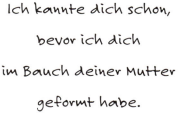

Ich kannte dich schon,

bevor ich dich

im Bauch deiner Mutter

geformt habe.

Jedes einzelne Haar
hatte ich mir schon
ganz genau vorgestellt:
Wo es auf deinem Kopf sitzen würde,
welche Farbe es haben sollte
und wie es deine Nase kitzelt,
wenn es dir ins Gesicht fällt.

Du hättest mich sehen sollen,

damals, mit den Engeln,

als ich dich zum ersten Mal

in meinen Armen hielt!

Von einem Ohr zum anderen

habe ich gestrahlt,

so stolz war ich auf dich!

Zu meinen Engeln

habe ich gesagt:

„Seht euch das an!

Ist es nicht wunderschön?

Mein geliebtes Kind.

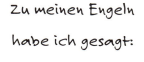
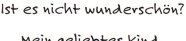
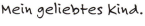

Kein anderes ist so wie dieses.

Es ist etwas ganz Besonderes.

Dieses kleine Menschlein

wird die Welt verändern!

Es wird Herzen berühren

und Leben retten.

Denn mein Wort
klingt in seinem Herzen,
mein Geist wohnt in ihm.
So sind wir für immer
miteinander verbunden.
Wo mein Kind ist,
da bin ich selbst."

So habe ich damals

zu den Engeln gesagt.

Und das meine ich auch so.

Versprochen!

Ich werde hören,
wenn du mich rufst.

Ich bin bei dir,

wenn du mich brauchst.

Ich halte deine Hand,

wenn du dich

nach meiner Nähe sehnst.

Ich weiß,

welche Wünsche und Träume

in deinem Herzen verborgen sind.

Denn ich habe sie

dort hineingelegt.

Und ich weiß, wie du wirklich bist.

Was alles in dir drinsteckt –

auch wenn der Welt da draußen

die Augen dafür fehlen.

... strahlend und schön ...

... voller Stärke und Sanftmut.

Denn so habe ich dich geschaffen:

zu meinem Ebenbild.

Und weißt du,

was das allerschönste Geschenk

für mich wäre?

Wenn du dich selbst so sehen könntest,

wie ich das tue.

Damit dir das besser gelingt,

habe ich etwas für dich:

Dieses prächtige Paar Flügel!

Denn unter uns gesagt:

Du bist nicht von dieser Welt.

Du bist Teil von etwas Größerem.

Die Welt wartet auf dich!

Du hast die Macht,

sie zu verändern.

Denn du bist

zum Helden geboren.

Im Grunde bist du fast wie Superman –

nur ohne dieses alberne Cape.

Und du brauchst dich
vor absolut nichts zu fürchten –
schließlich steht der mächtigste
Herrscher des Universums hinter dir.
Und so ca. 10.000 Legionen
geballte Engelpower.

Lass dir bloß nichts

anderes erzählen ...

So wie du bist,

bist du genau richtig.

So bist du gewollt,

und nicht anders.

Du bist wichtig.

Du hast Fähigkeiten,

die kein anderer hat.

Auch wenn du manche davon

vielleicht noch gar nicht kennst.

(Keine Sorge,

ich werde sie dir noch zeigen –

dann, wenn es dran ist.)

Du bist einzigartig.

Auch wenn es vielleicht

jemanden gibt,

der dir ähnlich sieht:

Es gibt nur eine Nase, die exakt so geformt ist wie deine.

Niemand anderes

auf der ganzen Welt

lacht wie du,

spricht wie du,

Dein Fingerabdruck

ist einmalig

unter allen Menschen

auf der Welt –

und davon gibt es

fast 7 Milliarden!

Und nur ein einziges Herz,

das so fühlt wie deins.

So besonders

wie jedes einzelne Haar

auf deinem Kopf

sind auch die Gaben,

die ich in dich hineingelegt habe.

Klar gibt es mehr als einen Menschen auf der Welt, der Gitarre spielen kann. Aber die Art und Weise, wie du es tust, ist besonders.

Und dort, wo du

diese Fähigkeit einsetzen kannst,

da stehst eben nur du.

An diesem Ort, zu dieser Zeit,

bist du der Einzige,

der genau

diese Sache tun kann.

Und damit bist du

ein wichtiger Teil

in dem großen Ganzen.

Nur du kannst hier auf deine

besondere Weise berühren,

trösten, Freude bringen,

Mut machen, helfen, Rat geben,

überraschen, lieb haben,

in den Arm nehmen ...

Wenn du das tust,

was dir Freude macht, die Dinge,

für die dein Herz schlägt,

wofür du gemacht bist –

kurz: wenn du dich annimmst,

wie du bist – ,

dann tust du damit nicht nur

dir selbst einen Gefallen,

sondern vor allem mir und den

Menschen um dich herum.

Du wirst gebraucht, so, wie du bist!

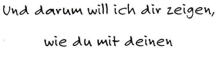

Und darum will ich dir zeigen,

wie du mit deinen

Flügeln fliegen kannst.

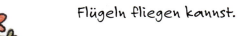

Du sollst erfahren,

wie Freiheit schmeckt.

Und einen neuen Blick

auf die Dinge bekommen.

... und erkennen, was wirklich zählt.

Was deine Seele zum Singen bringt,

was von Bedeutung ist

und das Leben so wunderbar macht.

Wichtig ist nämlich nur eines:

Meine Liebe zu dir.

Du brauchst nichts anderes.

Niemand kann dir das nehmen.

Niemals.

Nichts könnte sich jemals

zwischen dich und mich stellen.

Egal, was passiert:

Jederzeit kannst du zu mir kommen

und dich in meinen Armen bergen.

Für dich gebe ich alles,

was ich hab – sogar mein Leben.

So sehr hab ich dich lieb.